AF313692

Collection de **M. BESSELIÈVRE**

(4e VENTE)

ÉTOFFES

EUROPÉENNES ET ORIENTALES

DES XVIIe ET XVIIIe SIÈCLES

ET AUTRES

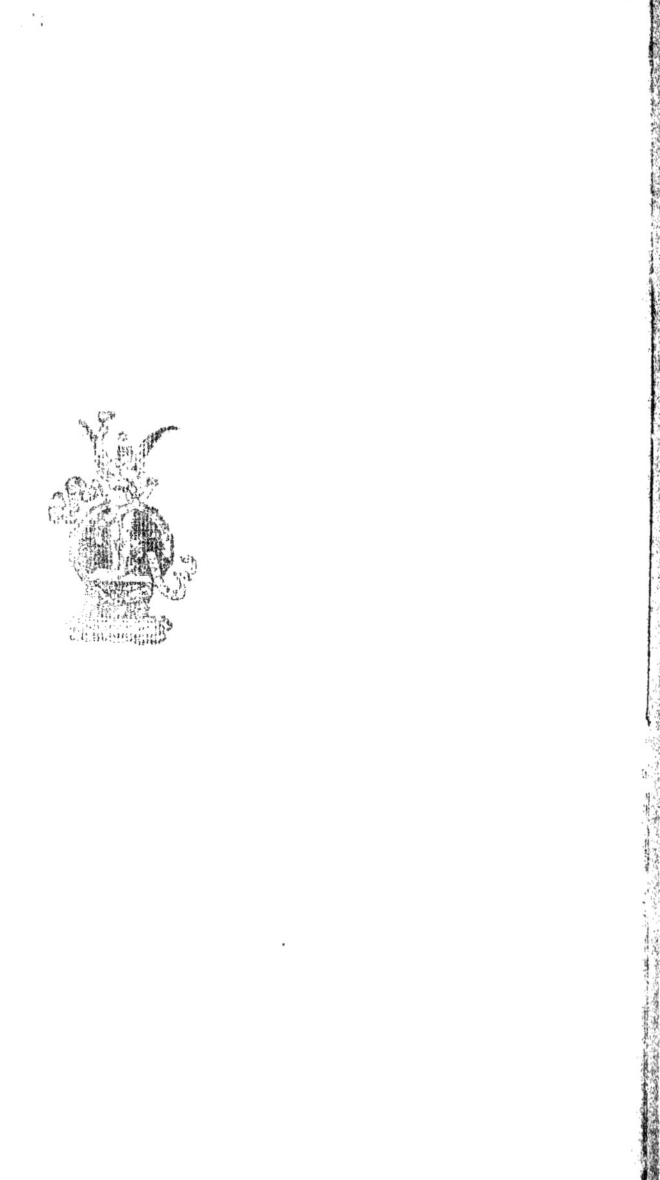

CATALOGUE

DES

ÉTOFFES

EUROPÉENNES ET ORIENTALES

DES XVIIe, XVIIIe SIÈCLES ET AUTRES

VELOURS, SOIES, BROCARTS

Appartenant à M. Besselièvre

ET DONT LA VENTE AURA LIEU A PARIS

HOTEL · DROUOT, SALLE N° 6

LE MARDI 25 JUIN 1912

à deux heures

COMMISSAIRE-PRISEUR	EXPERTS
Me HENRI BAUDOIN	**MM. MANNHEIM**
Successeur de M. PAUL CHEVALLIER	7, rue Saint-Georges
10, rue de la Grange-Batelière	PARIS

EXPOSITION PUBLIQUE

Le Lundi 24 Juin 1912, de 1 heure 1/2 à 6 heures

CONDITIONS DE LA VENTE

Elle sera faite au comptant.

Les adjudicataires paieront *dix pour cent* en sus des enchères.

Paris. — Imp. de l'Art, CH. BERGER, 41, rue de la Victoire

DÉSIGNATION

ÉTOFFES ORIENTALES

1 — Carré en soie prune brochée, à dessin de médaillons contenant des fleurs sur fond jaune. Ancien travail de Brousse.

2 — Fragment de satin rouge broché, à dessin de palmettes en vert et blanc. Ancien travail de Brousse.

3 — Panneau en satin vert broché, à dessin d'inscriptions orientales en blanc. Ancien travail oriental.

4 — Fragment de satin rouge broché, à grosses fleurs lamées d'argent doré. Ancien travail oriental.

5 — Carré en broderie de soie de couleur, à fleurs disposées symétriquement sur fond bleu. Ancien travail oriental.

6 — Petit panneau de brocart, à larges palmettes en bleu, blanc et argent doré, sur fond rouge. Ancien travail de Brousse.

7 — Fragment en brocart, à palmettes, contenant des fleurs et disposées symétriquement sur fond rouge. Ancien travail de Brousse.

8 — Panneau en velours ciselé, à grands ramages et palmettes, sur fond rouge. Ancien travail oriental.

9 — Panneau en velours rouge, à dessin de fleurs symétriques. Ancien travail de Scutari.

10 — Panneau en satin rouge broché, à dessin de palmettes, en partie lamées d'argent doré. Ancien travail oriental.

11 — Petit tapis en velours imprimé, à dessin chiné. Ancien travail oriental.

12 — Fragment en brocart, à bouquets de fleurs sur fond rouge. Ancien travail de Brousse.

13 — Panneau en brocart, à larges palmettes lamées d'argent doré, disposées symétriquement sur un fond chargé de fleurettes. Ancien travail de Brousse.

14 — Panneau en velours rouge ciselé, à grandes palmettes lamées d'argent doré. Ancien travail oriental.

15 — Fragment de panneau en velours rouge ciselé, à grandes palmettes disposées symétriquement. Ancien travail de Scutari.

16 — Panneau en velours rouge, à dessin de fleurs sur fond partiellement lamé d'argent. Ancien travail de Scutari.

17 — Panneau en velours ciselé, à grands ramages disposés symétriquement. Ancien travail de Scutari.

18 — Panneau en velours ciselé, à grands ramages jaunes sur fond rouge. Ancien travail de Scutari.

19 — Panneau en velours violacé, à dessin de palmettes disposées symétriquement. Ancien travail de Scutari.

ÉTOFFES VARIÉES

20 — Panneau en velours rouge ciselé, à fleurs. Travail espagnol du xvɪᵉ siècle.

21 — Cinq pièces, provenant d'une chasuble, en velours rouge ciselé, à fleurons et à entrelacs. Travail espagnol du xvɪᵉ siècle.

22 — Carré de damas rouge à grands ramages, du xvɪɪᵉ siècle.

23 — Carré en brocart à fleurs, sur fond blanc damassé. xvɪɪᵉ siècle.

24 — Lot de fragments de velours ciselé rouge du xvɪɪᵉ siècle.

25 — Deux fragments de velours jardinière, à dessin de fleurs sur fond crème. xvɪɪᵉ siècle.

26 — Carré en velours ciselé, à fleurettes disposées suivant des bandes se détachant sur fond blanc lamé d'argent. xvɪɪᵉ siècle.

27 — Fragment de chasuble en velours jardinière, à grosses fleurs sur fond blanc lamé d'argent. Travail italien du xvɪɪᵉ siècle.

28 — Panneau en soie crème damassée, lamée d'argent doré, à dessin de fleurs et motifs ondulés. xvɪɪᵉ siècle.

29 — Deux mors de chape en satin rouge broché à fleurs et oiseaux, du XVIIᵉ siècle.

30 — Panneau en brocart d'argent, à grands ramages, en bleu et gris. XVIIᵉ siècle.

31 — Long montant en soie verte brochée, à grands ramages. XVIIᵉ siècle.

32 — Panneau en soie brochée, à bouquets de fleurs et feuillages avec partie lamée d'argent. XVIIᵉ siècle.

33 — Carré de velours jardinière, à grandes fleurs en vert et rouge. XVIIᵉ siècle.

34 — Long montant en soie brochée, à grands ramages rouges avec oiseaux et couronnes sur fond jaune. XVIIᵉ siècle.

35 — Partie de chasuble en soie brochée et lamée d'argent doré, à feuillages et quadrillages sur fond crème. XVIIᵉ siècle.

36 — Partie de chasuble en velours ciselé, à grands ramages rouges sur fond blanc. Italie, XVIIᵉ siècle.

37 — Partie de chasuble en satin vert broché, à dessin de portiques, terrasses, escaliers, fleurs, etc., XVIIᵉ siècle.

38 — Bandeau en coton brodé au point de chaînette, à petites fleurs et rinceaux. XVIIᵉ siècle.

39 — Partie de chasuble en satin jaune broché et lamé d'argent, à grands ramages. XVIIᵉ siècle.

40 — Partie de chasuble en soie brochée et lamée
d'argent, à feuilles et fleurs sur fond vieux rose.
xviie siècle.

41 — Montant en soie brochée, à larges palmettes,
fleurs, feuilles, fruits polychromes, sur fond
crème. xviie siècle.

42 — Long montant en brocatelle, à grands ramages
rouges et verts sur fond jaune. xviie siècle.

43 — Petit bandeau en soie blanche, brodée au
point de chaînette, à dessin de menus rinceaux
et petits animaux variés. xviie siècle.

44 — Long montant en damas rouge, à grands
ramages. xviie siècle.

45 — Long montant, en damas rouge, présentant
de grandes pièces d'eau. xviie siècle.

46 — Partie de chasuble en soie verte lamée d'argent et d'argent doré, à dessin de sirènes, pièces d'eau, fleurs, etc. xviie siècle.

47 — Long montant, en damas rouge, à grands ramages, du xviie siècle.

48 — Fragment de tapisserie au point, à grosses
fleurs. xviie siècle.

49 — Panneau en brocart, à dessin d'habitations,
animaux et fleurs sur fond rouge. xviie siècle.

50 — Large bande en soie verte brochée à grands
ramages, avec bordure à rayures. xviie siècle.

51 — Partie de chasuble en soie blanche brochée à
fleurs et lamée d'argent, avec encadrement de
rinceaux. xviie siècle.

52 — Partie de chasuble en soie vieux rose, brochée, à fleurs, avec partie lamée de métal. xvii^e
siècle.

53 — Carré, en satin vert broché, à fleurs, particel-
lement lamées d'argent. xviie siècle.

54 — Carré en velours jardinière, à grosses fleurs
sur fond de satin blanc. Époque Louis XIV.

55 — Grand médaillon, à bords festonnés, en broderie d'argent et de soie de couleur, représen-
tant saint Louis revenant de Palestine; à la
partie supérieure, double écu d'alliance, timbré
d'une couronne de comte. Époque Louis XIV.

56 — Chasuble, en soie vieux rose, ornée de den-
telle d'argent à motifs réguliers. Époque
Régence.

57 — Panneau en brocart, à fleurs sur fond bleu
pâle. Époque Régence.

58 — Fragment en soie blanche brochée, à fleurs.
Époque Louis XV.

59 — Panneau en soie brochée, à fleurs polychromes et lamées d'argent et d'argent doré sur
fond violacé. Époque Louis XV.

60 — Panneau en brocart, à fleurs. Époque
Louis XV.

61 — Carré de satin crème broché, à fleurs et petits kiosques polychromes et lamés d'argent doré. Époque Louis XV.

62 — Carré de soie brochée, à fleurs, sur fond crème imprimé à rayures. Époque Louis XV.

63 — Fragment de velours ciselé bleu et jaune. Époque Louis XV.

64 — Fragment de velours ciselé, à fleurettes sur fond rouge et lamé d'argent doré. Époque Louis XV.

65 — Carré de satin blanc, broché, à dessin de kiosques, arbustes, oiseaux, etc. Époque Louis XV.

66 — Carré de soie bleue brochée, à dessin de fruits, fleurs, chars du soleil, etc. Époque Louis XV.

67 — Fragment de soie bleue brochée, à vases de fleurs, cages, perroquets, etc. Époque Louis XV.

68 — Lé en satin bleu broché, à dessin de personnages chinois, instruments de musique, feuillages, etc. Époque Louis XV.

69 — Carré en soie crème brochée, à fleurs, motifs d'architecture, corbeilles, etc. Époque Louis XV.

70 — Lé de soie blanche armurée et damassée, brochée à dessin de branches fleuries. Époque Louis XV.

71 — Lé de soie blanche armurée et brochée, à fleurs et bandes ondulées. Époque Louis XV.

72 — Lé de soie jaune rayée et brochée, à fleurs. Époque Louis XV.

73 — Lé de soie violette brochée, à fleurs et bandes ondulées. Epoque Louis XV.

74 — Fragment de soie blanche brochée, à fleurs polychromes et lamées d'argent doré. Époque Louis XV.

75 — Partie de chasuble en soie bleu armurée et brochée, à fleurs polychromes et lamées d'argent et d'argent doré. Époque Louis XV.

76 — Petit tapis en soie vieux rose armurée et brochée en blanc et rouge, à fleurs et bandes ondulées, lamées d'argent. Époque Louis XV.

77 — Carré de soie blanche armurée et brochée à dessin d'arbustes et d'oiseaux et ornée de paillettes. Époque Louis XV.

78 — Manteau de Vierge en soie vieux rose brochée et lamée d'argent, à dessin de branchages fleuris. Époque Louis XV.

79 — Carré en brocart, à fleurs et rubans sur fond blanc. Époque Louis XV.

80 — Deux fragments de soie vieux rose, armurée et brochée, à feuilles et fleurs en partie chenillées en rouge et blanc. Époque Louis XV.

81 — Carré en soie vieux rose armurée et brochée
à fleurs et bandes ondulées polychromes et
lamées d'argent. Époque Louis XV.

82 — Carré en soie blanche armurée et brochée, à
fleurs et rubans avec parties chenillées. Époque
Louis XV.

83 — Partie de chasuble en soie rayée et brochée, à
fleurs et bandes ondulées. Époque Louis XV.

84 — Lé en soie blanche damassée et brochée, à
fleurs polychromes et lamées d'argent doré. Époque Louis XV.

85 — Lé en soie crème brochée, à fleurs et motifs
irréguliers. Époque Louis XV.

86 — Lé en soie verte brochée, à dessin de kiosques, barrières et bouquets de fleurs. Époque
Louis XV.

87 — Fragment en soie verte brochée à dessin de
fleurs et pièces d'eau. Époque Louis XV.

88 — Grand panneau en satin blanc, broché, à fleurs,
bosquets, oiseaux, arbustes, etc. Époque
Louis XV.

89 — Fragment en soie blanche armurée, brochée, à
fleurs, en partie chenillée et ornée d'oiseaux et
de petits paysages imprimés. Époque Louis XV,

90 — Fragment en soie vieux rose brochée, à fleurs
polychromes, et lamée d'argent. Époque
Louis XV.

91 — Robe d'enfant en soie blanche, ornée de fleurs
brodées en chenille. Époque Louis XV.

92 — Chasuble en soie verte brochée, à fleurs polychromes, et lamée d'argent. Époque Louis XV.

93 — Petit tapis en soie violacée, brochée, à fleurs,
instruments de musique, cages, oiseaux, etc.
Époque Louis XV.

94 — Carré en moire bleue brochée, à fleurs. Époque Louis XV.

95 — Panneau en velours jardinière, à bouquets de
fleurs polychromes et à ramages marron, sur
fond blanc armuré. Époque Louis XV.

96 — Panneau en brocart, à dessin de carquois
et branches fleuries sur fond blanc. Époque
Louis XV.

97 — Fragment de brocart, à larges palmettes, en
jaune et argent, sur fond crème. Époque
Louis XV.

98 — Deux parties de chasuble en soie prune
brochée à fleurs en soie de couleur et argent
doré. Époque Louis XV.

99 — Fragment de chasuble en brocart d'argent, à
grosses fleurs chenillées. Époque Louis XV.

100 — Panneau en brocart, à fleurs et rubans, sur
fond vert. Époque Louis XV.

101 — Panneau en satin crème broché, à grosses
fleurs, à sa partie inférieure. Époque Louis XV.

102 — Fragment de soie crème brochée, à branchages fleuris. Époque Louis XV.

103 — Panneau, en deux parties, de brocart, à grosses fleurs sur fond lamé d'argent et d'argent doré. Époque Louis XV.

104 — Fragment de satin rouge broché à fleurs et draperies. Époque Louis XV.

105 — Fragment de chasuble, en satin prune broché à grosses fleurs et petits paysages. Époque Louis XV.

106 — Petit panneau en satin crème rayé et broché à fleurs, et en partie chenillé. Époque Louis XVI.

107 — Petit panneau en satin crème broché à fleurs et rubans avec parties lamées d'argent. Époque Louis XVI.

108 — Carré en soie brochée à fleurs et rubans sur fond rayé blanc et rose. Époque Louis XVI.

109 — Bande en brocart à fleurettes et rubans sur fond lamé d'argent doré. Époque Louis XVI.

110 — Fragment de soie brochée à dessin de corbeilles de fleurs et attributs sur fond crème rayé. Époque Louis XVI.

111 — Carré de soie blanche armurée, rayée et brochée à fleurs, avec parties lamées d'argent et d'argent doré. Époque Louis XVI.

112 — Deux fragments de soie blanche rayée et
brochée à bouquets de fleurs partiellement lamés d'argent doré. Époque Louis XVI.

113 — Fragment de satin blanc broché et brodé au
point de chainette, à dessin de guirlandes de
fleurs, rubans et perruches. Époque Louis XVI.

114 — Panneau de satin blanc broché à corbeilles
de fleurs et branchages. Époque Louis XVI.

115 — Fragment de brocart, à dessin de petits bouquets de fleurs sur fond rayé. Époque Louis XVI.

116 — Carré en brocart, à dessin de branchages
fleuris et bouquets sur fond rayé. Époque
Louis XVI.

117 — Carré en soie crème brochée en soie de couleur et argent, à dessin de fleurs. Époque
Louis XVI.

118 — Deux bandes de satin blanc, brodé à dessin
de fleurs et rubans. Époque Louis XVI.

119 — Carré de satin crème. brodé à dessin de
gerbes de fleurs. Époque Louis XVI.

120 — Chasuble en damas vert. à dessin de fleurs.
glands et rubans. Époque Louis XVI.

121 — Carré en satin blanc rayé et broché, à fleurs.
Époque Louis XVI.

122 — Carré en soie rose, avec applications de satin blanc, à dessin de trois médaillons ronds d'où s'échappent des branches fleuries. Époque Louis XVI.

123 — Fragment de bande en soie crème brochée à fleurs, avec entrelacs à la bordure. Époque Louis XVI.

124 — Partie de jupe en satin crème brodé à fleurs et avec applications de réseaux également brodés. Époque Louis XVI.

125 — Chape en soie blanche armurée et lamée d'argent, ornée de fleurettes brodées avec paillettes sur le chaperon et la bordure. Époque Louis XVI.

126 — Grand panneau en lampas, à dessin blanc de vases de fleurs et rinceaux sur fond rouge. Époque Louis XVI.

127 — Panneau en satin rayé vert et blanc imprimé à dessin chiné. Époque Louis XVI.

128 — Tapis en soie imprimée, à dessin chiné. Époque Louis XVI.

129 — Fragment de soie vieux rose brodée au point de chainette, à dessin de fleurs, rubans, glands et draperies. Époque Louis XVI.

130 — Panneau en soie crème imprimée en couleur, à dessin de bouquets de fleurs. Époque Louis XVI.

131 — Manteau de Vierge en soie rayée et brochée
à fleurs. Époque Louis XVI.

132 — Escarcelle en brocart, à dessin lamé d'argent
sur fond noir ; au revers, dessin également
lamé d'argent sur fond bleu. Époque
Louis XVI.

133 — Lé de soie rayée et imprimée à fleurs et
rubans. Époque Louis XVI.

134 — Petit rideau en soie rayée et imprimée à
dessin chiné. Époque Louis XVI.

135 — Costume défait, en trois morceaux, en soie
verte brodée de soie de couleur et d'argent
doré, sur fond armuré, à dessin de pagodes,
personnages, fleurs, fruits, rocailles et qua-
drillés. Travail italien du commencement du
xviiie siècle.

136 — Bandeau en velours ciselé à fleurs et motifs
ondulés en vert et orange sur fond blanc. xviiie
siècle.

137 — Fragment de brocart à fleurs sur fond lamé
d'argent doré. xviiie siècle.

138 — Carré en soie vieux rose brochée à fleurs
polychromes et lamées d'argent. xviiie siècle.

139 — Bandeau en satin crème broché à fleurs et
vases polychromes et lamé d'argent doré ; bordure de frange. xviiie siècle.

140 — Carré en velours ciselé, à bordure de fleurs
sur fond bleuâtre. Travail italien du xviiie siècle.

141 — Lambrequin en coton brodé, à vases de
fleurs et oiseaux. xviiie siècle.

142 — Partie de chasuble en brocart à fleurs sur
fond blanc. xviiie siècle.

143 — Grand panneau en coton brodé, à fleurs, du
xviiie siècle.

144 — Manteau de Vierge en brocart, à fleurs. xviiie
siècle.

145 — Panneau en coton brodé, à dessin de branches fleuries et chargées de fruits. xviiie siècle.

146 — Panneau en coton brodé de soie de couleur,
à dessin de branches fleuries. xviiie siècle.

147 — Carré en soie blanche armurée et brochée, à
dessin d'arbustes avec fleurs chenillées. xviiie
siècle.

148 — Chasuble en soie blanche brochée à fleurs.
xviiie siècle.

149 — Deux fragments de chasuble en brocart, à
fleurs sur fond crème. xviiie siècle.

150 — Fragment de brocart, à motifs irréguliers
sur fond jaune damassé. Travail italien du xviiie
siècle.

151 — Deux fragments de chasuble en velours vert
ciselé, à ramages violets. Travail italien du xviiie
siècle.

152 — Partie de chasuble en brocart, à fleurs lamées
d'argent et d'argent doré. xviiie siècle.

153 — Carré en brocart, à fleurs sur fond crème.
xviiie siècle.

154 — Carré en brocart, à bouquets de fleurs enru-
bannés sur fond lamé d'argent doré. xviiie siècle.

155 — Bande en velours ciselé, à fleurs et oiseaux en
rouge sur fond vert. xviiie siècle.

156 — Fragment en velours ciselé, à fleurettes sur
fond à imbrications. xviiie siècle.

157 — Carré de brocart, à grosses fleurs. Travail
italien du milieu du xviiie siècle.

158 — Grand lé en brocart, à bandes ondulées et
fleurs lamées d'argent sur fond vieux rose.
Milieu du xviiie siècle.

159 — Lé de satin bleu pâle, broché à dessin de
kiosques, amours, cygnes et grosses fleurs, en
blanc et en couleur. Fin du xviiie siècle.

160 — Fragment de satin vieux rose brodé, présentant un bouquet de fleurs. Travail italien de la
fin du xviiie siècle.

161 — Fragment de soie brochée, à dessin de branches fleuries sur fond armuré vieux rose et rayé vert. Fin du xviiie siècle.

162 — Panneau de velours ciselé, à fleurettes et motifs ondulés en rouge sur fond crème. Travail italien de la fin du xviiie siècle.

163 — Jupe défaite en soie blanche, brodée à fleurs et plantes variées. Fin du xviiie siècle.

164 — Lé, en deux parties, de lampas, à dessin blanc de figures mythologiques et branchages sur fond jaune. Fin du xviiie siècle.

165 — Grand lé en lampas, à dessin blanc de figures allégoriques, vases de fleurs, cariatides, etc., sur fond rouge. Fin du xviiie siècle.

166 — Grand montant en damas rouge, à dessin de fleurs, vases, médaillons, etc. Travail italien de la fin du xviiie siècle.

167 — Fragment de satin jaune brodé au point de chainette, à dessin de fleurs et instruments de musique. Travail italien de la fin du xviiie siècle.

168 — Partie de jupe en mousseline brodée, à fleurs. Fin du xviiie siècle.

169 — Partie de jupe en mousseline brodée, à fleurs. Fin du xviiie siècle.

170 — Bande en satin blanc imprimé, à dessin de médaillons, rinceaux, amours, etc. Fin du xviiie siècle.

171 — Partie de jupe en soie crème armurée, brodée
au point de chainette à fleurs et draperies. Fin
du xviiᵉ siècle.

172 — Carré en lampas, à dessin de couronnes de
fleurs et de papillons, en gris sur fond jaune.
Commencement du xixᵉ siècle.

173 — Écharpe en satin marron broché, à dessin de
fruits, fleurons, guirlandes, etc. Commencement
du xixᵉ siècle.

174 — Lé de lampas, à dessin de vases, cygnes,
guirlandes de lierre, en jaune sur fond rouge.
Commencement du xixᵉ siècle.

175 — Bande de lampas, à ramages jaunes sur
fond rouge. Commencement du xixᵉ siècle.

176 — Lé de lampas, à ramages en jaune sur fond
bleu. Commencement du xixᵉ siècle.

177 — Fragment de lampas, à dessin blanc régulier
sur fond violet. Commencement du xixᵉ siècle.

178 — Panneau de satin blanc, lamé d'argent et
d'argent doré et présentant un aigle surmonté
d'un bouquet de fleurs et d'épis. Commencement du xixᵉ siècle.

179 — Lé de velours jardinière, ciselé, présentant
quatre motifs fleuris sur fond bleu pâle. Travail
italien du commencement du xixᵉ siècle.

180 — Lé de velours ciselé jardinière, à dessin
de bouquets de fleurs sur fond bleu pâle. Travail
italien du commencement du xixe siècle.

181 — Long montant en damas rouge, à dessin de
palmettes et feuillages. Commencement du
xixe siècle.

182 — Panneau en lampas, à fleurs en blanc **sur**
fond bleu damassé. Commencement du xix^e
siècle.

183 — Panneau en lampas, à ramages jaunes sur
fond rouge damassé. Commencement du xix^e
siècle.

184 — Panneau en damas vert, à dessin de couronnes de feuillages et palmettes. Commencement du xixe siècle.

185 — Panneau en lampas, à dessin de couronnes
et rinceaux en jaune sur fond rouge. Commencement du xixe siècle.

186 — Panneau en lampas, à dessin de couronnes
en gris sur fond bleu pâle. Commencement du
xixe siècle.

187 — Panneau en lampas, à dessin de couronnes
et de rinceaux, en jaune sur fond rouge armuré.
Commencement du xixe siècle.

188 — Panneau en lampas, à dessin de couronnes
de feuillages en jaune sur fond rouge. Commencement du xixe siècle.

189 — Panneau en lampas, à dessin en jaune et bleu
sur fond bleu damassé. Commencement du
XIXe siècle.

190 — Panneau en lampas, présentant des couronnes de laurier en jaune et blanc sur fond bleu.
Commencement du XIXe siècle.

191 — Panneau en lampas, à dessin de couronnes,
de fleurs et palmettes en vert, sur fond rouge.
Commencement du XIXe siècle.

192 — Panneau en lampas à dessin de couronnes,
de fleurs et rinceaux en jaune sur fond rouge.
Commencement du XIXe siècle.

193 — Panneau en lampas à dessin de couronnes et
palmettes lamées d'argent doré sur fond rouge.
Commencement du XIXe siècle.

194 — Lé, présentant deux couronnes de laurier en
jaune sur fond bleu armuré. Cemmencement du
XIXe siècle.

195 — Lé de lampas, présentant un motif hexagone
et un carquois en jaune sur fond bleu. Commencement du XIXe siècle.

196 — Lé de lampas, à grands ramages blancs sur
fond jaune damassé. Commencement du XIXe
siècle.

197 — Panneau en lampas, présentant des couronnes de laurier en jaune sur fond rouge armuré. Commencement du XIXe siècle.

198 — Panneau en lampas, présentant une couronne de feuillages et une palmette en blanc sur
fond rouge. Commencement du xix° siècle.

199 — Carré en brocart d'argent et d'argent doré
au chiffre de Charles X, provenant de la manu-
facture Mathévon et Bouvard. Époque Charles X.

200 — Bandeau en soie imprimée en couleur, présentant un enfant et un dauphin dans un médaillon entouré de fleurs.

201 — Lé de satin marron, broché de soie de couleur et lamé d'argent, à dessin de ruines, fleurs,
arbustes, etc.

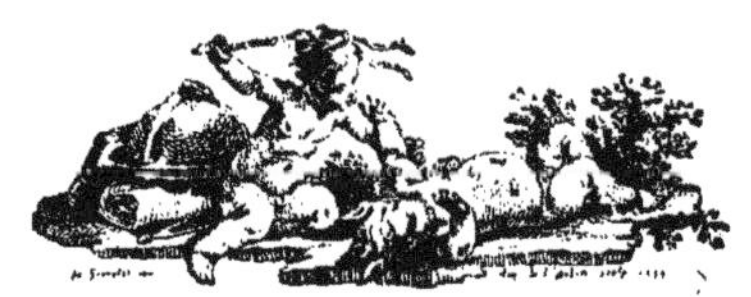

9 782329 524801